À travers l'Histoire Sud-Américaine

Pierre de Coubertin

Édition : BoD · Books on Demand, 31 avenue Saint-Rémy,
57600 Forbach, bod@bod.fr
Impression : Libri Plureos GmbH, Friedensallee 273,
22763 Hamburg (Allemagne)
ISBN : 978-2-3225-6002-8
Dépôt légal : Décembre 2024

À TRAVERS

L'HISTOIRE SUD-AMÉRICAINE

L'histoire de l'Amérique du Sud constitue — des origines à l'heure présente — une tragédie en cinq actes et un prologue qui finit bien et dont l'apothéose terminale se prépare sous nos yeux.

Le prologue, c'est la civilisation précolombienne avec ses grandeurs, ses mystères et ses étrangetés : siècles incertains dont il est permis d'espérer que l'archéologie moderne réussira à préciser quelque peu la succession et les caractères. Le premier acte est celui de la découverte et de la conquête ; acte bref, s'il en fut ; les trente premières années du seizième siècle y suffisent. Puis viennent la domination et l'exploitation espagnoles ; et sans doute il eût dû être fait de ces trois cents ans-là un usage plus noble et plus fécond ; tout n'est pas dit cependant quand on a stigmatisé les crimes et dénoncé l'obscurantisme. De 1810 à 1826, c'est ensuite le grand effort de l'indépendance avec ses péripéties diverses, ses inquiétantes alternatives, tout le bouillonnement de forces qui s'ignorent et s'opposent. Le quatrième acte est long et décevant ; il s'éclaire toutefois lorsqu'au lieu d'une succession de guerres civiles sans générosité et sans ampleur, on consent à y apercevoir la querelle presque ininterrompue de deux principes adverses se disputant le gouvernement du nouveau monde : le principe fédéraliste et le principe unitaire ; l'un issu du sol même et rendu prestigieux par l'exemple encourageant des États-Unis, l'autre fortifié par les incessants apports de l'action européenne. La victoire fédéraliste une fois affirmée, le cinquième acte commence. Les collectivités s'organisent et progressent à pas rapides. L'avenir est maintenant devant eux, un avenir tel qu'aucune portion de l'univers n'en a jamais contemplé de pareil, car nulle part ni à aucun moment il n'a été fait, dans les possibilités humaines, une telle part éventuelle à la paix, à la richesse et à la liberté.

I

Laissant complètement de côté la question de l'origine des populations indigènes du continent américain, question que la science actuelle ne permet guère d'aborder utilement et qui au surplus n'éclairerait point notre sujet, nous constaterons ce fait que la civilisation primitive s'est développée dans les régions occidentales, c'est-à-dire le long de l'océan Pacifique. Cela est exact de l'Amérique du Nord, demeurée très retardataire puisqu'elle était encore, à l'époque des voyages de Colomb, quasi néolithique et que, dans le sud-ouest seulement, les Indiens commençaient à se servir de briques crues pour édifier leurs pueblos rudimentaires ; cela est bien plus exact de l'Amérique du Sud où, en regard des peuplades barbares qui parcouraient les forêts brésiliennes ou les pampas argentines, florissaient sur les hauts plateaux des Andes de puissants empires fortement organisés et armés. Enfin dans l'Amérique centrale, tandis que les Aztèques et surtout les Mayas avaient atteint une prospérité remarquable, les plus belles îles des Antilles, ces îles dont Colomb émerveillé écrivait qu'« on y voudrait vivre à jamais, car on n'y conçoit ni la douleur ni la mort », étaient aux mains d'hommes assez peu avancés intellectuellement et matériellement.

Dans l'échelonnage de tous ces peuples sur l'ossature continentale du nord au sud, nous distinguons nettement trois foyers brillants : d'abord les Aztèques et les Mayas au Mexique, puis les Chibchas ayant leur centre sur le plateau de Bogota, enfin l'empire des Incas qui englobait autour de Cuzco, sa capitale, les régions correspondant à peu près à l'Équateur, au Pérou et à la Bolivie modernes. Plus au sud, entre Tucuman et Mendoza, il y avait les Daguites et au nord, vers le Honduras et le Nicaragua d'autres peuplades qui, sans être parvenues au même degré de culture, tendaient à s'en approcher.

Les États aztèques, chibchas et péruviens se ressemblèrent en ceci que ce furent des États guerriers conduits le plus souvent par des conquérants et visant à l'agrandissement territorial obtenu par la force. Politiquement ils furent assez dissemblables. Au Mexique, Tenochtitlan (la future Mexico), qui aurait été fondée vers 1330, avait en face d'elle deux cités capables de lui disputer la préséance, Chalco et Tezcoco. Elle abaissa la première et s'entendit avec la seconde. Ce fut en somme une confédération de villes dominant d'abord les vallées voisines, puis gagnant d'effort en effort jusqu'à soumettre presque tout le sol mexicain. Les chefs de ces démocraties militaires se muèrent peu à peu en souverains sans pourtant que cette souveraineté revêtit le caractère théocratique de celle des Incas. Il semble que ce soient les Chibchas du plateau de Bogota qui aient les premiers conçu la monarchie divinisée et traité leur monarque, une fois consacré, comme d'essence supérieure. La centralisation administrative de l'empire inca favorisait l'évolution progressive d'une pareille idée ; on sait à quels excès elle fut conduite.

Les civilisations indigènes précolombiennes reposèrent sur un extraordinaire mélange de connaissances approfondies et d'ignorances fondamentales. Elles furent, d'une façon générale, handicapées par deux défectuosités essentielles, l'une provenant de la nature et l'autre de l'homme. La nature ne fournissait point d'animaux domesticables et notamment d'animaux de trait ni d'animaux laitiers. L'homme, de son côté, ne sut pas découvrir la roue, c'est-à-dire le principe même de toute mécanique efficace. Ainsi a-t-on pu dire que la mécanique américaine resta uniquement basée sur les mouvements alternatifs. Les transports, en de pareilles conditions, étaient condamnés à demeurer embryonnaires. Mais en dehors de ces caractéristiques d'ensemble, d'autres contradictions sont faites pour surprendre. Les connaissances astronomiques furent assez complètes pour permettre l'établissement d'un calendrier de trois cent soixante-cinq jours fort exact et pourtant l'écriture, à peine existante au Mexique, demeura inconnue au Pérou. La sculpture et la peinture des Mayas excitent l'admiration ; mais la voûte circulaire ne fut pas trouvée. L'industrie des poteries présenta de réelles qualités dans l'exécution et la décoration sans qu'elle arrivât à employer le tour. La métallurgie s'étendit à nombre de minerais : cuivre, zinc, argent, plomb ; le travail de l'or fut intense ; le bronze et le laiton étaient connus, mais le fer demeura rebelle ; on ne sut pas le réduire et l'utiliser. Enfin à côté d'une agriculture où l'irrigation et la fumure étaient savamment poussées, la navigation fluviale resta dans l'enfance. Ainsi gênés dans le développement de leurs conditions matérielles, ces peuples concentrèrent, dirait-on, leurs aspirations sur le perfectionnement et la complexité du système législatif. Ils codifièrent le moindre détail de la vie civile et de la loi morale, étiquetèrent et cataloguèrent l'individu, réglementèrent ses gestes et sa pensée. Néanmoins la stagnation là encore apparaît. La persistance et l'abondance des sacrifices rituels s'accordent mal avec le respect témoigné d'autre part à la vie humaine et ne donnent point l'impression d'une évolution philosophique vers la lumière et la bonté.

Bien souvent les chroniqueurs se sont demandé ce qu'il fallait penser des descriptions enthousiastes rapportées par les conquérants espagnols. Tout porte à les croire non véridiques mais sincères. Les séductions de la nature, l'aspect certainement prestigieux des grandes cités américaines et de l'ordre qui y régnait devaient émouvoir des hommes récemment échappés aux angoisses et aux privations d'un pénible et long voyage. Surtout le reflet de l'or transformait toutes choses à leurs yeux. L'or était partout ; il affolait par sa seule présence les aventuriers qui s'étaient grisés par avance du désir qu'ils en avaient.

II

L'avant-dernière année du quinzième siècle, Christophe Colomb, qui depuis six ans avait découvert des îles (Bahamas et Antilles) mais non point la terre ferme, reconnut, au cours de son troisième voyage, l'embouchure de l'Orénoque. Les eaux du fleuve immense se projetaient à trois lieues en mer. Colomb augura la présence d'un vaste continent, mais il continua de penser qu'il s'agissait de l'extrémité orientale de l'Asie. Il devait mourir en 1506, sans savoir que ce continent n'était point l'Asie. En 1513, seulement, Balboa traverserait l'isthme de Panama et, entrant tout armé dans les flots du Pacifique, en prendrait possession au nom du roi d'Espagne. Dès le 1er mai 1499, Cabral avait ainsi pris possession du Brésil pour la couronne de Portugal. Ces gestes naïfs expriment bien l'état d'âme des aventuriers venus à la suite de Colomb et qui, en l'espace de quelques années, avaient exploré les côtes du Yucatan, du Honduras, de la Colombie, l'embouchure de l'Amazone, celle du Rio de la Plata, pénétré dans la baie de Rio de Janeiro et allaient tourner la Patagonie par le détroit de Magellan et bientôt remonter le long des côtes chiliennes.

La conquête fut menée, comme la découverte, avec la plus vigoureuse rapidité. Ici l'effort et ses résultats tiennent véritablement du prodige. En 1518, Fernand Cortez qui avait aidé à réduire Cuba s'était embarqué pour le Mexique récemment découvert. Il emmenait 600 à 700 Espagnols, 18 chevaux, 14 pièces de canon. Trois ans plus tard, l'empire de Montézuma lui était soumis. De pareils faits devaient enfiévrer les imaginations. Un pacte étrange et formidable se noua entre trois hommes ; François Pizarre, ex-gardeur de pourceaux, Diego d'Almagro, enfant trouvé qui portait le nom de son village, le dominicain Fernand de Luque, maître d'école à Panama, décidèrent de faire à eux trois la conquête du Pérou. L'empire auquel ils s'attaquaient semblait à l'apogée de sa puissance ; ses sujets se dénombraient par millions. Les Espagnols avaient environ 170 fantassins et 67 cavaliers ; ce nombre fut doublé par l'arrivée de renforts. Le 15 novembre 1533, Pizarre entrait dans Cuzco les mains, hélas ! déjà souillées par de nombreux crimes. Dix-huit mois plus tard, le 6 janvier 1535, était fondée la ville de Lima cependant que bien loin de là, de l'autre côté du continent gigantesque, Mendoza campait sur le site de Buenos-Ayres. Les explorations audacieuses se mêlent à ces fondations de cités. Benalcazar fonde Guayaquil et traverse la Colombie[1]. Quesada remonte le Magdalena et franchit les Andes. Le Napo et l'Amazone, l'Orénoque jusqu'au Méta, le Haut Pérou jusqu'au Gran Chaco sont explorés. Voici encore les fondations d'Assomption, de Bogota (1538), de La Paz, de Santiago de Chili (1541) et bientôt de Caracas et de Rio de Janeiro. Prenez une carte et situez tous ces points. Avez-vous jamais conçu quelque chose d'aussi merveilleux ? Il y a trente ans à peine que Pizarre a pris pied sur le sol péruvien ; il n'y a pas cinquante ans que l'existence de ces régions est révélée aux Européens ; or des dix capitales d'États sud-américains dont nos enfants apprennent aujourd'hui les noms, il en existe déjà neuf : et non point toutes posées facilement au bord de la mer sur des ports naturels, mais à mille kilomètres dans l'intérieur comme Assomption ou bien à quatre mille mètres d'altitude comme

La Paz. Des monts, des fleuves, des forêts de dimensions terrifiantes ont commencé de livrer leurs secrets, des espaces dans lesquels s'enfermeraient deux Europes ont été traversés. Et comment ne pas évoquer, sans que cet hommage rendu aux explorateurs d'antan diminue le mérite des explorateurs modernes, ce sergent Lahaye qui parti de la Guyane explora le Haut Yari et découvrit cent cinquante ans avant Crevaux la chute à laquelle celui-ci devait parvenir après tant d'efforts et qu'il nomma : chute du désespoir.

III

Dès 1550 s'installait à Lima le premier vice-roi espagnol. Le pouvoir qui s'inaugurait ainsi allait durer plus de deux siècles, mais sa juridiction devait plus tard se restreindre. À partir de 1718, il y aurait une vice-royauté distincte pour la Nouvelle-Grenade et une troisième en 1776, pour les territoires de la Plata. La vice-royauté se divisait en quelques « capitaineries générales », c'est-à-dire en régions immenses administrées et commandées par des « capitaines généraux » qui cumulaient entre leurs mains des pouvoirs multiples et despotiques. Enfin dans chaque district résidait un fonctionnaire royal qui portait le titre de « protecteur des Indiens » et surveillait les groupements formés par ceux-ci et à la tête desquels étaient restés des caciques le plus souvent héréditaires. Ce titre de protecteur des Indiens n'était point une ironie. Il répondait aux intentions persistantes de la métropole. Ce sont les récits des cruautés de Colomb envers les indigènes qui lui aliénèrent les sympathies de sa protectrice Isabelle. Les instructions données à ceux qui lui succédèrent témoignaient du désir de mettre les nouveaux sujets de la couronne à l'abri des exactions. Une série de lois ordonnèrent de les laisser libres de cultiver leurs terres, d'en disposer à leur gré, d'élire leurs magistrats ; il fut interdit de leur vendre des armes ou des spiritueux, de les employer au portage avant dix-huit ans, de les laisser engager leur travail pour plus d'une années, etc… Les rois d'Espagne ne cessèrent d'édicter des mesures préservatrices. Ces mesures, est-il dit au tome VIII de l'*Histoire générale* (Lavisse et Rambaud), « eussent été un immense bienfait pour les Indiens si elles avaient pu être appliquées ; mais elles ne pouvaient l'être à une si grande distance de l'autorité centrale et par des hommes qu'animait un *furieux désir de s'enrichir* ».

Ce « furieux désir de s'enrichir » par malheur était surexcité par les besoins mêmes de la mère patrie. L'Espagne se trouvait trop pauvre infiniment pour la tâche entreprise par ses fils. Elle avait prétendu d'abord y faire face par le commerce. Dès 1495, à la demande des frères Pinçon et des autres navigateurs, le gouvernement royal s'était vu obligé d'annuler le monopole concédé à Colomb ; licence avait été donnée à tout Espagnol de commercer.

Ferdinand chargea un chanoine de Séville, J. R. de Fonseca, des relations économiques avec le nouveau monde. Telle fut l'origine de la fameuse Casa de Séville, sorte de chambre de commerce des Indes que Fonseca dirigea pendant trente ans avec zèle et esprit de devoir. Sous le règne long et coûteux de Charles-Quint, un effort considérable fut tenté dans le sens du monopole. Non seulement les produits du nouveau monde devaient passer par l'Espagne pour s'écouler en Europe, mais l'Espagne prétendait suffire aux demandes croissantes de ses colonies. En 1555, il y eut à Séville 16 000 métiers en activité et 130 000 ouvriers au travail : chiffres fabuleux pour l'époque. Cela ne dura guère. Sous Philippe III le nombre des métiers était tombé à 400 et comme on se cramponnait au mauvais principe du monopole, il fallait acheter à la France, aux Pays-Bas, à l'Angleterre, à l'Italie ce qu'on voulait revendre aux Américains.

L'échec de pareilles tentatives était fait pour rendre plus âpre que jamais la poursuite des richesses directement extraites du sol du nouveau monde. Aux mines exploitées par les Incas et dont l'exploitation avait été poursuivie par les Espagnols, s'ajoutaient celles qu'on avait récemment découvertes. Dans ces mines, qui travaillerait ? Toute la question gisait là. L'Indien pas plus que l'Espagnol n'aimait le travail manuel et surtout un travail aussi dur. On voulut l'y contraindre ; il y périt. Dès 1505, on commença d'introduire des esclaves noirs importés d'Afrique sans pour cela renoncer à employer de force la main-d'œuvre indigène.

Cet état de choses empira de deux façons ; d'abord par la surabondance du personnel ecclésiastique. Les Indiens étaient aisés à convertir ; il n'y aurait pas eu besoin de beaucoup de convertisseurs ; il en vint indéfiniment. En 1644, six mille ecclésiastiques sans bénéfices formaient une sorte de prolétariat clérical. En 1649 on comptait 38 archevêques et évêques et 840 couvents pourvus de grandes richesses. Le bas clergé, dépravé, oppresseur des Indiens, échappait au haut clergé, généralement respectable mais intolérant et assoupi tout à la fois. Une seconde cause de déchéance provenait de l'aristocratie ploutocrate qui s'était rapidement formée. En effet, malgré ses efforts pour drainer à elle les ressources de son vaste domaine transatlantique, l'Espagne n'y parvenait que de façon relative. On a calculé que, dans la seconde partie du dix-huitième siècle, les mines du nouveau monde produisaient annuellement environ 180 millions de livres ; le roi n'en touchait que le cinquième ; la moitié au moins de cette dernière somme restait en Amérique pour couvrir les frais de l'administration royale. L'Espagne recevait en fin de compte de ce chef à peu près 18 millions de livres ; les impôts lui en rapportaient 10 à 12, soit un total de 30 millions. Les véritables richesses, c'est en Amérique qu'elles s'accumulaient et entre les mains de privilégiés peu nombreux, lesquels n'avaient aucun intérêt à voir augmenter la production autour d'eux si d'autres qu'eux-mêmes en devaient bénéficier. Les convois réguliers qui une fois l'an faisaient le service entre Cadix[2] et l'Amérique n'y transportaient pas plus de 27 000 tonnes de marchandises. Un protectionnisme outrancier, qui interdisait toute initiative industrielle et alla jusqu'à proscrire la culture de la vigne et de l'olivier pour éviter la concurrence aux vins et aux huiles d'Espagne, empêchait ainsi l'enrichissement des classes moyennes sans atteindre les possesseurs de vastes domaines. Pour la même raison, ces derniers maintenaient jalousement les institutions abusives qui leur fournissaient à bon compte la main-d'œuvre indigène. En vain des fonctionnaires éclairés et humains étaient-ils intervenus dès le début ; la couronne s'était toujours laissé forcer la main. L'un d'eux, Las Casas, n'avait-il pas à deux reprises, en 1523 et 1542, obtenu du roi l'annulation du *repartimiento* qui créait une véritable servitude indigène et dont deux fois les pétitions pressantes venues du nouveau monde avaient provoqué le rétablissement ?

Telle était encore aux approches du dix-neuvième siècle l'Amérique espagnole. Le sort de l'Amérique portugaise avait été un peu différent. Les « capitaineries » instituées dès 1504 au Brésil ne constituaient point des délégations régulières du pouvoir métropolitain. C'étaient plutôt des sortes de fiefs seigneuriaux qui furent par la suite repris ou rachetés les uns après les autres. Ce régime avait tout de suite engendré une réelle anarchie. Jean III, pour y mettre un terme, envoya un gouverneur général, lequel amena à sa suite les Jésuites. Ceux-ci commencèrent aussitôt leur œuvre d'évangélisation que n'interrompit point le passage momentané et d'ailleurs assez théorique du Brésil sous la domination espagnole (1580-1640). Ce fut principalement dais la région de Sao Paulo que cet apostolat s'exerça et tout au profit des Indiens. La colère des colons en fut extrême. Les « Paulistes » surtout, ces aventuriers téméraires fils de blancs et d'Indiennes qui organisaient de véritables « battues » annuelles pour s'emparer des indigènes, les réduire en esclavage et les vendre, prirent les armes pour chasser les adversaires inattendus de leur criminel commerce. Les Jésuites fondèrent en 1609 sur la rive droite du Parana, leur « réductions », fameuses collectivités théocratiques et communistes qui comprirent jusqu'à quarante mille familles, réparties en trente-deux bourgades. Poussant plus loin encore, ils allèrent jusqu'à Cordoba où ils créèrent une université prospère. Après leur expulsion du Brésil, le ministre Pombal tenta d'émanciper légalement l'indigène, mais sans parvenir à rallier les colons à ce libéralisme encore prématuré.

IV

Dès la fin du dix-huitième siècle, dans ces domaines seize fois grands comme elle que l'Espagne possédait au

Nouveau monde, on sentait se manifester une certaine effervescence, mais sans but précis et sans plan défini. En 1780, une révolte indienne avait été fomentée par le fils d'un cacique élevé à Cuzco où il s'était familiarisé avec la culture européenne. La rébellion, à laquelle ce chef avait refusé d'associer les créoles, s'était trouvée vite domptée. Malgré les précautions prises, les nouvelles de France ne tardèrent pas à semer l'agitation. Aussi bien la France comptait-elle beaucoup d'amis en ces pays. Non seulement elle s'était établie à Cayenne et avait tenté la première de coloniser la baie de Rio, mais dès 1667, les bâtiments français avaient commencé de pénétrer dans le Pacifique ; les voyages de l'astronome botaniste Feuillée (1699-1707), de l'ingénieur Frézier (1711), du Breton Le Gentil (1715) au Chili et au Pérou, des explorateurs Degennes et Beauchesne-Gouin dans l'archipel de Chiloé et en Patagonie, la mission envoyée en 1736 à Quito par l'Académie des sciences de Paris mesurer un degré de méridien, plus récemment les séjours du naturaliste Bompland compagnon de Humboldt dans sa tournée de cinq années à travers le Sud Amérique, tout cela facilitait la diffusion des idées françaises. Les aspirations de tant de peuples opprimés devaient se tourner vers la France. On imprima en secret à Bogota la Déclaration des Droits de l'homme. Humboldt conte que les autorités redoublèrent de rigueur despotique, qu'on prohiba les imprimeries dans les villes et que le fait de lire Montesquieu ou Rousseau passa pour un crime. Cette politique et plus encore la difficulté des communications intercoloniales et l'absence de chefs déterminés retardèrent la révolution. Ce furent les événements d'Espagne qui en décidèrent. La nouvelle que la vieille dynastie était renversée au profit d'un Bonaparte frappa de stupeur les fonctionnaires et encouragea les libéraux. Tandis que le curé Hidalgo soulevait le Mexique, des insurrections éclatèrent à La Paz au mois de mai et à Quito le 2 août 1809 ; elles furent réprimées, mais sur d'autres points le mouvement s'affirma violemment. Le 19 avril 1810, la junte municipale de Caracas se saisit du pouvoir tandis qu'à Buenos-Ayres délibérait une assemblée de 600 notables et que la révolution reprenait à Quito et gagnait toute la Nouvelle-Grenade. En juillet de la même année le Chili se souleva. Lima restait le centre de la résistance monarchique et cette résistance était puissante. L'année 1811 vit naître deux républiques ; celle du Paraguay, que constitua le dictateur Francia et qui allait se développer solitairement de si étrange façon, et celle du Venezuela proclamée à Caracas le 5 juillet et qu'un retour offensif du royalisme allait détruire presque aussitôt. C'est à ce moment que se dessine la noble et vaillante mais parfois un peu déconcertante figure de Simon Bolivar. Né à Caracas en 1783, élevé à Madrid par les soins de son oncle le marquis de Palacios, Bolivar avait épousé à dix-huit ans sa cousine, fille du marquis del Toro. La douleur d'un veuvage prématuré, de fructueux voyages en Europe et aux États-Unis mûrirent rapidement l'âme de ce jeune gentilhomme qui semblait promis à une existence facile. On dit qu'à Rome, sur le mont Sacré, il fit le serment de se vouer à l'émancipation de sa patrie. Le serment fut tenu avec une persévérance admirable. Car au début de cette retentissante aventure, les échecs ne manquèrent pas : échec diplomatique en Angleterre où Bolivar avait espéré obtenir des secours armés ; échec militaire en Amérique où le *Libérateur* rentré vainqueur dans Caracas en août 1813 se le vit de nouveau enlever l'année suivante.

Cette date de 1814 semblait devoir marquer la fin des espoirs autonomistes. Le parti de l'indépendance, affaibli par la restauration de Ferdinand VII sur le trône métropolitain aussi bien que par la désunion des créoles, l'indifférente inaction des Indiens et les difficultés de combiner les forces entre des groupements séparés par d'énormes distances, venait de reperdre toutes ses conquêtes. Le Mexique qu'on avait cru définitivement émancipé était lui-même retombé sous le joug. Il ne restait que la province de Buenos-Ayres dont les troupes venaient même de s'emparer de Montevideo, mais des divisions intestines y faisaient le jeu des royalistes.

Or en peu de temps la fortune tourna. Bolivar, qui jamais ne fut plus grand que dans cette occurence, demeurait indomptable. Chassé de Carthagène, sa dernière forteresse, il put à la Jamaïque, avec la tolérance anglaise, préparer une nouvelle expédition. Et ce fut cette fois par l'Orénoque qu'il pénétra dans sa patrie. D'Angostura devenue à la fois quartier général et siège de gouvernement, il tint la campagne avec une sombre énergie. Les llaneros, ces bouviers de la pampa, cavaliers incomparables et combattants farouches d'abord enrôlés par les royalistes, leur avaient récemment fauseé compagnie et se rangeaient maintenant sous les drapeaux du *Libérateur*. D'autre part, le Congrès de Tucuman, le 9 juillet 1816, avait proclamé l'indépendance des provinces unies du Rio de la Plata. Ainsi l'aurore de la liberté s'annonçait derechef.

Deux faits se passèrent alors qu'aucun manuel d'histoire ne devrait ignorer parce qu'ils furent aussi grands par la conception que par l'exécution et par le risque que par le résultat. En janvier 1817, avec une audace magnifique, le général San Martin, parti de Mendoza à la tête de quelque 3 500 hommes, franchit les Andes par le col d'Uspalata (haut de près de 4 000 mètres), descendit vers le Pacifique et ayant défait les royalistes entra à Santiago et assura l'indépendance du Chili, qui fut proclamée le 1er janvier 1818. Dix-huit mois plus tard, Bolivar, après avoir consolidé sa situation, se dirigea à son tour à marches forcées d'Angostura vers la Nouvelle-Grenade, et, ayant accompli en pleine saison des pluies la traversée terrible des Andes, s'empara de Bogota le 10 août 1819. Peu après le Venezuela et la Nouvelle-Grenade étaient déclarés unis sous le nom de République de Colombie.

Il ne restait plus à conquérir que le Pérou proprement dit. À Lima, le vice-roi et ses soldats résistaient encore. Ils espéraient des renforts envoyés par la métropole. Mais les vingt mille hommes réunis à cet effet par Ferdinand VII tournèrent leurs armes contre ce prince maladroit et impopulaire. Au lieu de s'embarquer pour l'Amérique, ils marchèrent sur Madrid (1820). San Martin, aidé par l'amiral anglais Cochrane passé au service du Chili, s'empara de Lima le 28 juillet 1821. Cette même année, Bolivar réoccupa Caracas et Carthagène et le congrès de Cucuta dota la république de Colombie d'une constitution. En 1822 le gouvernement des États-Unis reconnut le gouvernement colombien, qui signa d'autre part des traités avec le Chili, le Pérou, le Mexique et la Plata. Et ce fut la fin. Le 6 décembre 1824, le général Sucre, lieutenant de Bolivar, mit en déroute dans la plaine d'Ayacucho, entre Cuzco et Lima, la dernière armée espagnole. L'Espagne trouva son Waterloo en ces lieux où, trois siècles plus tôt, s'était abattu sous ses coups l'empire des Incas.

Pendant cette période comme pendant la précédente l'Amérique portugaise avait eu des destins différents de ceux de l'Amérique espagnole. La maison de Bragance fuyant devant l'ouragan napoléonien avait débarqué au Brésil en 1808 et, de ce fait, le Brésil était devenu un royaume indépendant, situation consacrée officiellement en 1815. Il avait bien fallu se décider alors à supprimer les entraves de tout genre qui empêchaient le pays de se développer matériellement et intellectuellement, ouvrir les ports, permettre les défrichements, les industries, les spéculations. Jamais ne fut plus apparente la vertu créatrice de la liberté. En dix ans, la population s'accrut d'un tiers et les revenus doublèrent. Le roi Jean VI étendit même son domaine déjà si considérable en s'emparant de Montevideo. Mais la révolution qui, en 1820, éclata à Lisbonne et à

Oporto — contre-coup de celle d'Espagne — le rappela en Europe. C'était un prince « ignorant, pusillanime et borné ». Les Brésiliens ne le regrettèrent pas. Il leur laissait pour régent son fils dom Pedro et celui-ci, comprenant fort bien que la couronne du Brésil valait mieux que celle du Portugal et qu'entre les deux il faudrait bien choisir, prit la tête du parti de l'indépendance. L'Assemblée constituante qu'il avait convoquée le proclama empereur du Brésil le 12 octobre 1822.

V

Au moment où, par la capitulation du port péruvien du Callao, le dernier soldat espagnol vient de quitter le sol américain, donnons un coup d'œil à l'ensemble de ce vaste continent qui va désormais vivre de sa vie propre et ne devra plus, selon la théorie énoncée par le président des États-Unis Monroë (1823), servir de terrain de colonisation à aucune puissance européenne. Il est séparé de l'Amérique anglaise par un Mexique désormais indépendant. Un aventurier, Iturbide, après avoir écrasé au profit du roi d'Espagne la cause de la liberté, s'est lui-même proclamé empereur, mais ses sujets qui ne veulent pas de lui l'ont bientôt renversé. Le 1er janvier 1825 a été inaugurée une république fédérative établie sur le modèle de celle des

États-Unis. Vient ensuite l'ancienne capitainerie générale de Guatemala qui a suivi d'abord les destins du Mexique, puis est devenue la république des Provinces-Unies de l'Amérique centrale. Ces « provinces » sont le Guatemala, Costa Rica, le Nicaragua, le Honduras et San Salvador. Leur constitution est encore plus démocratique que celle des États-Unis.

Aux environs de l'isthme panamique commencent les domaines de Bolivar. Depuis 1819, le Venezuela et la Nouvelle-Grenade forment la république de Colombie ; il en est le chef. En outre, le 20 février 1824, le Pérou l'a nommé dictateur et, depuis le 31 octobre 1825, il est aussi le maître des régions du Haut-Pérou érigées en république de Bolivie par le général Sucre qui les a émancipées. Le Chili s'organise tout le long du Pacifique. Sur la côte de l'Atlantique se tiennent les Guyanes (dernières possessions des puissances européennes), le vaste empire brésilien, enfin la république de la Plata avec, entre eux, l'Uruguay objet des convoitises réciproques. Le Paraguay demeure au centre, muré dans son isolement volontaire. La population totale n'était, au moment où éclata la guerre de l'Indépendance, que de 6 millions à peine, répartis comme suit : 1 200 000 en Colombie, autant au Pérou, 900 000 au Venezuela, à peu près autant au Chili et à la Plata… Sur l'ensemble, un septième d'Espagnols, trois septièmes d'Indiens, trois septièmes de créoles et de races mélangées. Les créoles sont « vifs, turbulents, brouillons » ; les Indiens « mornes et apathiques » ; ni les uns ni les autres n'ont appris à aimer le travail manuel. L'instruction est plus que retardée. L'esclavage, du moins pour les enfants à naître, n'existe plus guère qu'au Brésil et c'est un avantage sensible qu'a l'Amérique espagnole sur l'Amérique anglaise. Sur d'autres points la première se trouve désavantagée par rapport à la seconde.

Bolivar avait pris goût à la dictature. Le « code bolivien » — constitution rédigée par lui et à laquelle il rêvait de gagner la totalité de l'Amérique espagnole — en fait foi. Il s'était persuadé que ce régime absolutiste était la préface indispensable à la garantie de la liberté. Un congrès convoqué à Panama en vue de cimenter l'unité échoua piteusement. Ni le Chili, ni la République Argentine, ni le Brésil n'y voulurent participer et le rêve des États-Unis du Sud s'évanouit. Puis le Pérou échappa à Bolivar et ensuite la Bolivie. Le Venezuela enfin se sépara de la Colombie et Quito devint le centre d'un nouvel État, l'Équateur. Bolivar avait eu le tort de risquer la violence et l'illégalité pour retenir l'autorité qui lui échappait. La fin de sa carrière risquait ainsi de ternir l'éclat de l'épopée initiale. Il mourut en 1830, ne s'étant point résigné à l'avortement de son œuvre politique. Partout sévissait intense la querelle entre les unitaires et les fédéralistes.

Cette longue crise de croissance des États sud-américains n'est pas de celles qu'on puise tenter d'analyser en quelques lignes. Un tel résumé n'aurait ni relief ni couleur. Ce furent, comme il est indiqué plus haut, des alternances perpétuelles des deux principes. La constitution fédérale de Colombie établie en 1863, celle du Venezuela qui date de 1864 eurent à subir des retours offensifs de la politique unitaire. Il en avait été de même au Chili en 1828 et en 1833. Toutefois la victoire fédéraliste ne pouvait faire de doute. Il devenait visible, vers la fin du dix-neuvième siècle, que le continent tout entier était promis à cette forme de gouvernement dont le rudiment exista chez les plus avancées des tribus indiennes du Nord et à laquelle l'adhésion de la république des États-Unis apporta de bonne heure une force irrésistible. En 1889, les États-Unis du Brésil, en se substituant à l'empire de Dom Pedro II, décidèrent de l'orientation définitive. À la Plata, la question se compliquait du fait qu'une des provinces, celle de Buenos-Ayres, était trop en avance des autres, trop forte par rapport à elles, et qu'ainsi on arrivait difficilement à la faire s'encastrer dans une organisation fédérale. Vers le milieu du dix-neuvième siècle, Buenos-Ayres vécut plusieurs années pratiquement séparé du reste de l'Argentine et, quarante ans plus tard, la lutte de « la capitale contre les provinces » sembla devoir se réveiller encore une fois.

La paix ne s'établit pas plus aisément que la liberté. Que de guerres en moins de soixante-dix ans ! L'Équateur commença par disputer à la Colombie les provinces de Papayan, de Buenaventura et de Pasto qui favorisaient grandement par leur situation le commerce du Pacifique, et dans cette lutte l'assaillant échoua ; les provinces demeurèrent colombiennes. En 1827, la guerre sévissait entre le Brésil et la Plata pour la possession de l'Uruguay : guerre qui du moins se termina de façon raisonnable, puisque les deux gouvernements s'accordèrent pour renoncer enfin à leurs ambitions inconciliables et pour reconnaître l'indépendance de l'Uruguay. Puis vinrent les guerres suscitées par le dictateur argentin Rosas qui, non content d'attaquer ses voisins, bravait les puissances européennes et vit plusieurs fois les flottes française et anglaise bloquer les côtes de son pays. Ce despote finit par ameuter contre lui les gouvernements du Brésil, du Paraguay et de l'Uruguay et une « armée libératrice » livra bataille à ses troupes lesquelles furent défaites à Monte Caseros le 3 février 1852. À l'ouest, de nouveau, Équatoriens et Colombiens en vinrent aux mains en 1863 ; les seconds prenaient les armes pour abattre, disaient-ils, le régime théocratique auquel Garcia Moreno avait soumis les premiers, mais avec la secrète ambition de rétablir sur les trois provinces dont se composait la république de l'Équateur la domination colombienne qui avait existé jadis.

L'Espagne avait fini très tardivement par reconnaître diplomatiquement certains des États indépendants issus d'elle, mais elle l'avait fait de mauvaise grâce et, de même qu'en 1812 l'Angleterre était revenue à la charge contre les États-Unis, en 1864 les Espagnols tentèrent de reprendre pied sur la côte du Pacifique. Leur agression injustifiée contre le Pérou ne suscita pas seulement un blâme presque unanime en Europe, elle souda ensemble les républiques menacées ; le Chili, plus fort, se jeta vigoureusement dans la lutte. Ce fut pour la jeune marine chilienne l'occasion de succès que ne compensa pas le bombardement destructif de Valparaiso par la flotte ennemie ; l'Espagne dut se retirer et céder. Survint alors la déplorable guerre du Paraguay (1864-1870).

De 1814 à 1840 Francia, ce despote voltairien qui avait essayé de reprendre l'œuvre des Jésuites, s'était maintenu par la crainte qu'il inspirait et par les sombres barrières dans lesquelles il tenait ses concitoyens captifs et privés de toutes communications avec le dehors. Mais les deux Lopez, le père et le fils, qui « régnaient » au Paraguay depuis la mort de Francia, avaient d'abord entr'ouvert — et puis ouvert tout à fait — le Paraguay au commerce et au progrès. Le premier Lopez, après vingt et un ans de gouvernement (1841-1862), laissait la République en état de prospérité. Son fils commençait à développer cette prospérité quand les querelles de frontières qui se multipliaient entre le Paraguay et ses puissants voisins tendirent à l'extrême une situation depuis longtemps menaçante. Lopez eut le tort d'entamer les hostilités, les jugeant fatales. Le Brésil et l'Argentine, auxquels se joignit l'Uruguay, apportèrent tout leur effort dans cette lutte de six années pendant laquelle le président et le peuple du Paraguay firent preuve d'une indomptable énergie et qui se termina par la mort de Lopez sur le champ de bataille et la prise d'Assomption. De 1 337 000 habitants la population de ce malheureux pays avait décrû en 1873 jusqu'au chiffre de 221 000.

Une autre grande guerre dite « guerre du Pacifique », a ensanglanté de 1879 à 1884, des régions différentes. Les gisements de salpêtre dont le Chili convoitait la pleine possession et dont il partageait les revenus douaniers avec la Bolivie excitaient par ailleurs les convoitises du Pérou alors en pleine déconfiture financière. La Bolivie conseillée par le Pérou dénonça la convention qui la liait au Chili au sujet du territoire mitoyen. Le Chili, qui ne redoutait point la bataille, la provoqua. Dès le début ses troupes occupèrent le littoral bolivien tandis que ses navires parvenaient à dominer sur mer. En juin 1880, tout le Pérou méridional était occupé. Au commencement de janvier 1883, Lima fut prise. Toutefois ce ne fut qu'un an plus tard que la paix fut signée ; la Bolivie perdait l'accès à la mer et le Pérou cédait des territoires riches en salpêtre et en guano.

Chose étrange, une guerre civile s'ensuivit parmi les vainqueurs. Ce sont les guerres entre États que nous venons de reviser rapidement. Est-il besoin de rappeler qu'entre citoyens d'un même État, il y a eu aussi des guerres longues et acharnées ? Au Venezuela et dans l'Uruguay, les « blancs » et les « gens de couleur » se sont entre-tués. En Colombie, dans la République Argentine, on en est maintes fois venu aux mains pour des idées ou pour des personnes. La série des pronunciamentos péruviens et boliviens est indéfinie…

VI

Quand donc et comment ce régime a-t-il pris fin ? À quel moment précis le cinquième acte a-t-il succédé au quatrième ?… On serait en peine de le dire. Cela s'est fait peu à peu. Des présidents ont achevé tranquillement leur mandat et la transmission des pouvoirs s'est accomplie régulièrement sans qu'on ait souvent pris la peine de noter ce changement dans les mœurs. Des différends qui jadis eussent provoqué la guerre, comme celui du Chili et de l'Argentine en Patagonie, se sont réglés par des ententes. Dans les esprits comme sur le sol, la culture s'est étendue, féconde et pacifiante. Et le vieux monde surpris a constaté un beau jour en face de lui la présence de collectivités pleines de sève, auréolées d'avenir, sorties triomphantes des crises de la formation virile et prêtes à collaborer avec lui au progrès général.

Sans doute des rechutes, des accidents sont possibles. Le Venezuela d'après Guzman Blanco a déçu bien des espoirs ; le Mexique d'après Porfirio Diaz, plus encore. Mais la courbe d'ensemble n'en est pas moins inscrite sur l'horizon de façon indubitablement ascendante.

Étudions, nous autres gens au long passé, étudions désormais cette jeune histoire. Elle est belle et humaine ; elle est pleine d'héroïsme et de noblesse. Pendant longtemps de vulgaires, de faciles ironies nous l'ont dissimulée. Et de même que l'Europe s'est tant obstinée à

28

ne voir dans les Américains du Nord que des coureurs de dollars sans idéal et sans hauteur, de même elle se représente les ordonnateurs de l'Amérique du Sud sous la figure de généraux à panache publiant des proclamations grandiloquentes. Il est temps d'en finir avec ce cliché. Les écrivains futurs rechercheront pour les mettre en lumière ces figures énergiques ou séduisantes du dix-neuvième siècle sud-américain : l'indomptable Bolivar, l'honnête et consciencieux empereur dom Pedro II, Miranda et San Martin les soldats vaillants, Rosas et Francia les dictateurs farouches et obstinés, Garcia Moreno, Lopez, Sarmiento qui avait pour devise : sans instruction, point de liberté, Santander précurseur du percement de Panama, Paez, l'ancien capitaine des terribles llaneros devenu un chef d'État modéré et économe… et derrière ceux-là, beaucoup d'autres moins en vue, de traits moins accusés, mais dont les efforts furent efficaces et qui contribuèrent, à leur rang et dans leur sphère, à préparer l'accès définitif du vaste continent à la civilisation moderne.

Il y a quatorze ans, commentant dans un journal français le rapprochement qui s'esquissait entre « l'Espagne et ses filles »[3], j'écrivais à propos de l'Amérique du Sud ces lignes qu'on m'excusera de rappeler : « Toutes les richesses du globe s'y trouvent accumulées : métaux, pierres précieuses, épices, graines, essences rares, matières premières des industries de luxe. L'élevage et la culture, les exploitations minière et forestière n'y donnent pas encore le sixième du rendement exigible. Un climat sain et varié, des côtes hospitalières, une orographie et une hydrographie de premier ordre complètent l'heureuse physionomie de ces régions privilégiées. Comparez la parcimonie dont la nature a usé envers l'Afrique avec la générosité dont elle a fait preuve à l'égard de l'Amérique du Sud et vous serez tenté de placer là l'Éden perdu par la faute de nos premiers parents. »

Tel est le domaine que les peuples sud-américains ont reçu mission de faire fructifier. Voici l'heure des suprêmes semailles qui décideront de la moisson future. Puissent-ils s'y livrer dans l'allégresse et la concorde.

Et que l'esprit de la France soit avec eux.

1. ↑ On l'appelait alors Nouvelle-Grenade.
2. ↑ Cadix succéda en 1720 à Séville comme centre des affaires transatlantiques.
3. ↑ *Figaro* du 1er septembre 1902.